SØREN STAUN PETERSEN

HARTE SCHALE, GESUNDER KERN

KÜRBIS

ÜBERRASCHENDE REZEPTE FÜR SÜSSES UND HERZHAFTES

LV.Buch
Die Begeisterungswerkstatt

INHALT

VORWORT

Kürbis. Ein unglaublich vielseitiges Gemüse, das in vielen Küchen stark unterbewertet ist. Meist denkt man an Suppe oder man behandelt ihn wie eine Backkartoffel. Das sind auf jeden Fall gute Ideen, aber der Kürbis kann noch viel mehr. Deshalb habe ich dieses Buch geschrieben.

Fünf Monate lang habe ich im Grunde nichts anderes als Kürbis gegessen. Und das mit allergrößtem Vergnügen! Hätte man mich vor zwei Jahren gefragt, wäre ich auf nicht viel mehr Ideen als auf Suppe für die Zubereitung gekommen. In letzter Zeit wurden mir jedoch die Augen für die vielen Möglichkeiten geöffnet, die der Kürbis bietet. Möglichkeiten, die ich gern an Sie weitergeben möchte.

Seit 2013 habe ich für Unternehmen, Magazine und meinen Blog, Chefsseason.dk, Rezepte mit Obst und Gemüse der Saison kreiert. Mein Interesse für Speisen und Zutaten begann schon im Kindesalter. Ich wollte immer gern in der Küche helfen und verkündete stolz, Koch werden zu wollen. Im Laufe der Jahre veränderten sich meine Träume, bis ich schließlich als Werbefotograf arbeitete. Ein Job, der mich während der Ausbildung zum Kochen brachte: Speisen und Zutaten mussten so appetitlich wie möglich aussehen und das regte mich an, erneut in die Gastronomie einzutauchen. Heimische Zutaten waren und sind für mich wichtig, sie bildeten auch die Grundlage, um den Blog zu starten. Ich wurde neugierig und bewusster bei der Verwendung von saisonalen Zutaten, die aus der Region stammten.

Aber warum gerade Kürbis? Kürbis ist unglaublich gesund und wird immer beliebter. Teilweise liegt es vielleicht daran, dass Halloween auch bei uns Einzug gehalten hat. Die Wahrheit ist aber vermutlich, dass wir alle einen Blick für das haben, was gut ist und schmeckt. Man kann nicht Herbst sagen, ohne Kürbissuppe zu meinen. Und mit diesem Buch können Sie hoffentlich Anregungen für viele andere Gerichte erhalten, die ebenso nach Spätsommer und Herbst schmecken.

Viel Spaß in der Küche!

Søren Staun Petersen

BABYKÜRBIS

EINLEITUNG

Es gibt ein paar Dinge, die ich gern erzählen möchte, bevor Sie sich in die Rezepte des Buches vertiefen.

Das Buch ist in zwei Teile eingeteilt. Die herzhafte und süße Küche sowie ein Extraabschnitt über Suppen, Brot und Getränke.

Auch wenn sich die verschiedenen Kürbissorten nicht wesentlich unterscheiden, gibt es aber einen anderen wichtigen Unterschied: ihre Konsistenz. Im Buch werden für einige Rezepte Mus und Püree verwendet. Und dabei ist die Sorte sehr wichtig. Für Püree sollte man einen Kürbis mit hohem Flüssigkeitsgehalt verarbeiten. Zu dieser Gruppe zählt der bekannteste Vertreter, der Hokkaido. Wenn gebackener oder gekochter Hokkaido gemixt wird, erhält man ein mildes Püree. Möchte man aber Mus verarbeiten, kann man z. B. einen Kürbis mit dem schönen Namen Crown Prince nehmen, der fester ist und eine kartoffelbreiartige Konsistenz hat, wenn er gemixt wird.

Mehr zu den Kürbissorten erfahren Sie auf Seite 16. In einigen Rezepten wird eine bestimmte Sorte genannt, wenn sie für das Rezept wichtig ist. In den meisten Rezepten ist jedoch der geeignete Kürbistyp angegeben und außerdem die Sorte, die ich selbst verwendet habe.

KÜRBISMENGEN UND GEWICHT:

Bei den meisten Rezepten wurde das Gewicht des Kürbisses nach dem Aushöhlen und Schälen bestimmt. Es ist fast unmöglich, bei einem ganzen Kürbis vom Gewicht auszugehen, da man nicht erkennen kann, wie es in seinem Inneren aussieht. In Rezepten mit Mus und Püree wird das Gewicht auch nach der Zubereitung genannt. Hier zwei Beispiele aus dem Buch:

1. Im Rezept für Pfannkuchen werden 200 g Kürbismus verarbeitet. Dieser Kürbis ist also bereits ausgehöhlt, geschält, gekocht bzw. gebacken und zu Mus verarbeitet. Und dieses Mus wird auf 200 g abgewogen.

2. Für die Veggie-Burger werden 300 g geriebener Kürbis benötigt. Also 300 g Kürbis, der ausgehöhlt, geschält und gerieben ist.

Das heißt auch, dass Sie manchmal etwas Kürbis übrig haben, aber am Schluss des Buches finden Sie eine Liste mit Rezepten, für die kleine Kürbismengen benötigt werden, sodass es nicht zur Lebensmittelverschwendung kommt. Kürbisreste halten sich auch einige Tage in einem Behälter im Kühlschrank. Das gilt auch, wenn Sie zu viel Mus oder Püree zubereitet haben, als für ein bestimmtes Gericht notwendig ist. Es kann am nächsten Tag verarbeitet werden.

In der Regel wird ein Kürbis zu 70–80 Prozent verwendet. Wiegt Ihr ganzer Kürbis 1 kg, sollten also 750–800 g verarbeitbar sein.

SONSTIGES

Alle Rezepte sind für 4 Personen berechnet, wenn nichts anderes erwähnt ist.

Die Zubereitung erfolgt im Heißluftofen.

Wenn im Rezept Öl ohne nähere Bezeichnung angegeben ist, können Sie jedes geschmacksneutrale Öl verwenden.

TRIAMBLE

AUFBEWAHRUNG VON KÜRBIS

Ganze Kürbisse sollten kühl und trocken gelagert werden, z. B. in einer Garage mit Belüftung. 10–12 °C sind optimal.

Wenn roher Kürbis übrig bleibt, sollte er in Folie verpackt und im Kühlschrank aufbewahrt werden. Hier ist er ca. 1 Woche haltbar.

GERÄTE

Mit einem guten Messer und einer Reibe kommen Sie sehr weit, aber bei der Entwicklung dieses Buches hat sich gezeigt, dass eine Küchenmaschine zum Schneiden und Mixen unverzichtbar ist. Wenn in den Rezepten Kürbispüree erwähnt ist, wurde es immer im Mixer zubereitet, während Mus auch von Hand mit einem Kochlöffel hergestellt werden kann.

Für die verschiedenen Suppen verwenden Sie am besten einen Stabmixer, ein normaler Mixer kann aber auch benutzt werden.

Ein guter Sparschäler ist unverzichtbar. Ich habe schnell herausgefunden, dass die einfachste Art, einen Kürbis zu schälen, darin besteht, ihn zu halbieren, dann auszuhöhlen und zum Schluss in Scheiben zu schneiden. Dann kann man die Ränder der Scheiben leicht schälen.

ANLEITUNG ZUM SCHNEIDEN

SO KRIEGEN SIE DEN KÜRBIS EINFACH UND SCHNELL KLEIN!

KÜRBIS HALBIEREN

KERNE UND INNENLEBEN ENTFERNEN

JEDE HÄLFTE IN SCHEIBEN SCHNEIDEN

JEDE SCHEIBE SCHÄLEN

DIE DREI KÜRBISHAUPTGRUPPEN

Bei der Arbeit zu diesem Buch habe ich festgestellt, dass es vom Geschmack keine großen Unterschiede zwischen den verschiedenen Kürbissorten gibt. Mit Landwirt und Kürbisexperten Peter Brødsgaard habe ich jedoch 3 Hauptgruppen eingeteilt, die sich von Aroma und Konsistenz in kleinen Nuancen unterscheiden. Diesen 3 Gruppen können Sie als Faustregel für den Geschmack folgen, am Wichtigsten ist es jedoch, sich bei der Konsistenz auszukennen.

SPAGHETTI

BUTTERNUT

DIE GRAUEN

- Kürbis mit grauer Schale (mit Ausnahme von Butternut-Kürbis).
- Dazu gehören Crown Prince, Blue Ballet und Butternut-Kürbis.
- Diese Kürbissorten haben einen hohen Trockenstoffgehalt, sodass sie bei der Zubereitung nicht so wässrig werden. Deshalb sind sie besonders zum Backen, Braten oder für dickes Mus geeignet.
- Sie sind salziger und nussiger im Geschmack als andere Sorten.
- Sie haben von November bis März Saison.

DIE GRÜNEN

- Kürbis mit grüner Schale, der wegen des höheren Zuckergehalts einen etwas süßeren Geschmack hat. Deshalb eignet er sich gut für Desserts und süße Gerichte.
- Sorten sind z. B. Delica (grüner Hokkaido) und Sweet Mama.
- Diese Gruppe hat einen geringeren Trockenstoffgehalt als die grauen Sorten.
- Sie haben von Oktober bis März Saison.

DIE ORANGEN

- Kürbis mit oranger Schale. Zu dieser Gruppe zählt der bekannteste Vertreter, der Hokkaido. Eine andere Sorte ist der Speckled Hound.
- Diese Kürbistypen haben einen geringen Trockenstoffgehalt und werden deshalb im Mixer zu weichem Püree.
- Die Saison dauert von August bis Februar.

SPAGHETTI UND
SPECKLED HOUND

KÜRBIS SIEHT NICHT NUR SCHÖN AUS

Von Chatherine Ilsøe, Diätassistentin und Beraterin zu Ernährung und Lebensstil

Aus Ernährungsperspektive liefert Kürbis einen wertvollen Beitrag mit wichtigen Nährstoffen und angenehmer Sättigung mit wenig Kalorien. Kürbis kann deshalb beim Kochen unzähliger Gerichte verwendet werden, um seinen Nährstoffgehalt auszunutzen.

Aus biologischer Sicht handelt es sich bei der Kürbisfrucht um eine Beere. Er wird bei der Zubereitung und auf dem Teller beim Komponieren eines Gerichts jedoch als Gemüse betrachtet.

Deshalb kann er Bestandteil der täglichen empfohlenen Menge von Obst und Gemüse sein, etwa 600 Gramm.
Der relativ geringe Kaloriengehalt – nur 18 kcal und 4,2 Gramm Kohlenhydrate pro 100 Gramm – hat mit Sicherheit zur Beliebtheit des Kürbisses beigetragen. Zum Vergleich enthalten Kartoffeln 82 kcal pro 100 Gramm und ca. 20 Gramm Kohlenhydrat pro 100 Gramm.

Der Ballaststoffgehalt des Kürbisses ist bescheiden – nur 1,1 Gramm pro 100 Gramm –, sodass er im Gegensatz zu den groben Sorten wie z. B. Kohl mit erheblich höherem Ballaststoffgehalt als feines Gemüse betrachtet werden kann. Es ist jedoch relativ leicht, eine große Menge zubereiteten Kürbis zu essen, wodurch der Ballaststoffgehalt einer Mahlzeit ansehnlich erhöht werden kann.

Gutes Sättigungsgefühl mit wenig Kalorien – da gewinnt der Kürbis um viele Längen. Außerdem liefert er Nährstoffe verschiedener Art, u. a. lebenswichtige Mineralien und Vitamine.

Die Nährstoffe, die der Kürbis in erster Linie enthält, sind Vitamin A, B und C sowie der Mineralstoff Kalium. Kein Lebensmittel kann für sich den Bedarf des Körpers decken. Und deshalb ist Variation wichtig. Aber Kürbis enthält wesentliche Nährstoffe und verleiht Gerichten gleichzeitig Aroma, Fülle und Farbe.

VITAMIN A

Kürbis enthält Vitamin A, das für unsere Immunabwehr wichtig ist, da dieses Vitamin große Bedeutung für unsere Widerstandskraft gegen Infektionen hat. Kürbis enthält auch Beta-Carotin, ein Vorstadium des Vitamin A und ein Antioxidans, das die Widerstandskraft des Körpers erhöht.

FOLSÄURE GEHÖRT ZUR VITAMIN-B-GRUPPE

Im Hinblick auf Folsäure ist der Kürbis ein Spitzenreiter. Mit etwa 300 Gramm Kürbis decken Sie ca. 1/3 Ihres Bedarfs an Folsäure. Bei geplanter oder bestehender Schwangerschaft ist der Bedarf jedoch höher und kann nicht über die Nahrung gedeckt werden. Folsäure ist für Frauen besonders wichtig, die eine Schwangerschaft planen, weil das Mineral Missbildungen des Gehirns und des Rückenmarks bei Kindern vorbeugen kann.

VITAMIN C

Kürbis holt die Kartoffel beim Vitamin-C-Gehalt fast ein. Und weil der Kaloriengehalt des Kürbisses erheblich geringer ist, kann man sich für den Kürbis mit hohem Vitamin-C-Gehalt entscheiden und so große Mengen Vitamin C zu sich nehmen.

KALIUM

Kürbis hat einen hohen Kaliumgehalt. Kalium ist ein Mineralstoff, der zur Regulierung des Wasser-Salz-Gleichgewichts im Körper beiträgt. Eine variierte Kost, nicht zuletzt aus Obst, Gemüse und insbesondere Kürbis, liefert erhebliche Mengen Kalium.

HOKKAIDO

HERZHAFTES

KÜRBISPASTA IN ZITRONENBUTTERSAUCE

PASTA

160 g Kürbispüree (orange Sorte, z. B. Hokkaido)
400 g Mehl Typ 00 (italienisches Mehl, alternativ Mehl Typ 405)
1 TL Salz
1 Ei

SAUCE

300 g geräucherter Bacon
200 g Butter
8 Lorbeerblätter
1 Zitrone

Kürbis vorbereiten, weich kochen und zu Püree verarbeiten. 160 g abmessen und abkühlen lassen.

Püree, Mehl, Salz und Ei in den Mixer geben. Sobald der Teig krümelig ist und langsam zusammenklebt, wird er leicht mit der Hand geknetet.

In Folie wickeln und 30 Minuten ruhen lassen.

Den Teig durch eine Nudelmaschine drehen oder dünn ausrollen und von Hand schneiden.

Die frische Pasta in leicht gesalzenem Wasser ca. 1 Minute kochen.

SAUCE

Bacon in Würfel schneiden und knusprig braten.
Butter bei mittlerer Hitze schmelzen und bräunen lassen. 8 Lorbeerblätter und den Saft der Zitrone hinzufügen, etwas einkochen lassen.
Bacon und Butter unter die frische Pasta heben und sofort servieren.

KÜRBISWAFFELN MIT LACHS

8 STÜCK

TEIG

500 g Kürbismus (grauer Typ, z. B. Crown Prince)
400 ml Wasser
3 Eier
2 TL Chilisauce
1 kleine Zwiebel
3 Knoblauchzehen
etwas frischer Rosmarin
240 g Mehl
1 EL Paprikapulver, geräuchert
2 TL Backpulver
Salz und Pfeffer

Kürbis vorbereiten, weich kochen und zu Mus verarbeiten. 500 g abmessen. Etwas abkühlen lassen.

Kürbismus, Wasser, Eier und Chilisauce in einer großen Schüssel mischen.

Zwiebel, Knoblauch und Rosmarin fein schneiden und in den Teig geben.

In einer anderen Schüssel Mehl, Paprikapulver, Backpulver, Salz und Pfeffer gut vermengen, bevor alles unter die nasse Mischung gehoben wird.

Teig stehen lassen, bis die Waffeln gebacken werden.

FORTSETZUNG AUF DER NÄCHSTEN SEITE ...

CROWNPRINCE

COLESLAW

150 g Spitzkohl
200 g Rotkohl
50 ml Weißweinessig
2 EL Crème fraîche
2 EL Mayonnaise
2 EL Frischkäse natur

Spitzkohl und Rotkohl klein schneiden.

Weißweinessig, Crème fraîche, Mayonnaise und Frischkäse vermengen, den Kohl unterheben.

BEILAGE

250 g Lachs, kalt geräuchert
2 Avocados
10 Cherrytomaten
1 roter Chili
100 g Enoki-Pilze
1 gute Handvoll Zwiebel- und Radieschensprossen
Brunnenkresse als Garnierung
evtl. etwas Chili-Mayo

Lachs und Avocado in Scheiben schneiden.

Tomaten und Chili klein schneiden, Pilze halbieren.

Waffeln backen und mit Coleslaw, Gemüse und Lachs servieren.

Mit Brunnenkresse und evtl. etwas Chili-Mayo garnieren.

HUMMUS

230 g Kürbis, in Würfeln (grauer Typ, z. B. Crown Prince)
230 g Kichererbsen, eingeweicht und gekocht
100 ml Olivenöl
etwas frischer Rosmarin
Saft von ½ Zitrone
ca. 200 ml Wasser
Kreuzkümmel
Salz und Pfeffer

Kürbis vorbereiten und backen.

Kichererbsen, Kürbis, Öl, Rosmarin und Zitronensaft vermischen. Schrittweise Wasser hinzufügen, bis die gewünschte Konsistenz erreicht ist.

Mit Kreuzkümmel, Salz und Pfeffer abschmecken.

KÜRBISPOMMES MIT DIP

1 Kürbis (grauer Typ, z. B. Crown Prince)
1 TL Maisstärke
2 EL Paprikapulver, geräuchert
1 TL Knoblauchpulver
1 EL Salz

ESTRAGON-MAYO

100 ml Mayonnaise
2 TL Bearnaise-Essenz
etwas frischer Estragon

CHILI-MAYO

100 ml Mayonnaise
2 TL Chilisauce
2 TL Hot Sauce

Den Kürbis aushöhlen und zu „Pommes" schneiden. Diese mindestens 30 Minuten mit Wasser bedecken.

„Pommes" sorgfältig abtrocknen. In 1 TL Maisstärke und danach in der Kräutermischung wenden. Im Ofen in einer Lage mit eingeschaltetem Grill und Heißluft bei 200 °C 20–30 Minuten backen. Zwischendurch wenden.

Die Zutaten für jeden Dip glatt rühren. Zusammen mit den frisch gebackenen Kürbispommes servieren.

BUDDHA-BOWL MIT KÜRBISRASPELN

1 Spaghettikürbis
1 EL Öl
30 g Parmesan, gerieben
etwas Salz und Pfeffer
4 Rote Bete
4 Möhren
4 Frühlingszwiebeln
200 g Cherrytomaten
100 g Erbsensprossen
50 g Rote-Bete-Sprossen
etwas frischer Koriander
evtl. Chili-Mayo
evtl. Limettenspalten

Kürbis teilen, Inneres entfernen und das Fruchtfleisch leicht mit Öl bepinseln. Den Kürbis bei 200 °C ca. 40 – 50 Minuten backen.

Das Fleisch danach mit 2 Gabeln auseinanderziehen, dann in Parmesan, Salz und Pfeffer wenden. Die Gemüse wie gewünscht reiben und schneiden.

Die Zutaten aufgeteilt in Portionsschalen arrangieren.

Evtl. mit etwas Chili-Mayo und frischer Limette garnieren.

TACOS MIT GEBACKENEM KÜRBIS

KÜRBIS

1 kg Kürbis in Würfeln (grauer Typ, z. B. Blue Ballet)
100 ml Öl
2 EL Paprikapulver
1 TL Cayennepfeffer
1 EL Salz
etwas frisch gemahlener Pfeffer

Kürbis vorbereiten, in Würfel schneiden, mit Öl und Gewürzen mischen. Bei 200 °C ca. 40 Minuten backen.

PICO DE GAJO

250 g Cherrytomaten
1 große rote Zwiebel
Saft von 1 Limette
1 Knoblauchzehe, gepresst
etwas Koriander, frisch gehackt

Tomaten und rote Zwiebel klein schneiden, mit Limettensaft, gepresstem Knoblauch und Koriander vermischen. Mischung im Kühlschrank ziehen lassen.

FORTSETZUNG AUF DER NÄCHSTEN SEITE ...

BLUE BALLET

DRESSING

3 EL Mayonnaise
1 TL Tahin
2 Knoblauchzehen

Mayonnaise und Tahin gut mit den gepressten Knoblauchzehen vermengen. In den Kühlschrank stellen.

MAISTORTILLAS

250 g Masa Harina (Maismehl)
400 ml warmes Wassser
1 TL Salz

Alle Zutaten zu einem Teig kneten. Teig 30 Minuten ruhen lassen.

Den Teig zu kleinen Kugeln mit 35–40 g rollen und zu Pfannkuchen flachdrücken. Bei mittlerer Hitze in einer Pfanne von beiden Seiten backen, bis die Fladen etwas Farbe angenommen haben.

FÜLLUNG

frischer Koriander
Cashewkerne, gehackt
Limette
Hot Sauce
Chili-Mayo

Jeder Taco wird mit Dressing, Kürbis und Pico de Gajo gefüllt. Mit frischem Koriander, gehackten Cashewkernen, Limettensaft, Hot Sauce und evtl. Chili-Mayo toppen.

GRÜNKOHLTARTE

TEIG

200 g Mehl
120 g kalte Butter
etwas Salz
etwas frischer Rosmarin
ca. 3 EL Wasser

FÜLLUNG

350 g Kürbis, in Würfeln (grauer Typ, z. B. Crown Prince)
150 g Grünkohl
3 Knoblauchzehen
100 g Walnüsse
30 g Parmesan
100 ml Öl
100 ml Crème fraîche
2 kleine Eier
etwas Salz

Butter mit Mehl, Salz und feingehacktem Rosmarin vermengen (am besten im Mixer). Wenn die Mischung eine sandartige Konsistenz hat, 1 EL Wasser schrittweise hinzufügen, bis der Teig Form annimmt. Den Teig in Folie wickeln und für 30 Minuten in den Kühlschrank legen.

Teig danach ausrollen und in eine Tarteform legen, ca. 25 cm Durchmesser. Boden mit einer Gabel einstechen, bevor er für ca. 15 Minuten bei 180 °C blindgebacken wird. Dazu wird z. B. ein Stück Backpapier über den Boden gelegt, auf das Kichererbsen oder andere getrocknete Erbsen geschüttet werden.

Boden nach dem Backen abkühlen lassen.

Kürbis vorbereiten und in Würfel schneiden.

Alle restlichen Zutaten zu einer festen Masse vermengen. Die Grünkohlmasse zusammen mit den Kürbiswürfeln auf den Tarteboden geben. Die Tarte bei 200 °C ca. 30 Minuten backen.

PUMPKIN POT PIE

1 kg Kürbis, in Würfeln (grauer Typ, z. B. Crown Prince)
400 g Hähnchenfilet
2 Zwiebeln
3 Knoblauchzehen
2 Stangen Lauch
etwas Butter und Öl zum Braten
Thymian und Rosmarin, frische Zweige
1 l Weißwein
½ l Gemüsebrühe
½ l Kochsahne
Salz und Pfeffer
1 Rolle Blätterteig

Kürbis vorbereiten und in kleinere Würfel mit etwa 1 cm Kantenlänge schneiden. Ca. 15 Minuten weich kochen. Hähnchenfilet in kleinere Streifen schneiden und 15 Minuten kochen.

Zwiebeln, Knoblauch und Lauch klein schneiden und in einem Topf mit etwas Butter und Öl garen. Thymian- und Rosmarinzweige zu einem Bund schnüren, zusammen mit Weißwein und Brühe hinzugeben. Bei mittlerer Hitze auf die Hälfte reduzieren lassen.

Sahne hinzugeben und bei schwacher Hitze ca. 15–20 Minuten simmern lassen. Das Kräutersträußchen entfernen, mit Salz und Pfeffer abschmecken.

Eine ofenfeste Form einfetten. Den Blätterteig ausrollen und die Ränder an den Seiten der Form abschneiden.

2/3 des Kürbisses zu grobem Mus verarbeiten und zu einer Art Boden in die Form drücken. Hähnchenstücke und die restlichen Kürbiswürfel in die Form geben, die Sauce darüber gießen.

Der restliche Teig wird als Deckel verwendet. Verschließen, 3 Luftlöcher in die Mitte piksen und die Pie bei 200 °C ca. 20 Minuten backen, bis der Teig knusprig und golden ist.

NUDELSALAT MIT GEBRATENER ENTENBRUST

HAUPTGERICHT FÜR 2 PERSONEN

KÜRBIS

500 g Kürbis in Würfeln (oranger Typ, z. B. Speckled Hound)
3 EL Öl
2 TL Fünf-Gewürze-Pulver
Salz

Kürbis vorbereiten, in Würfel schneiden, in Öl, Fünf-Gewürze-Pulver und Salz wenden. Im Ofen bei 200 °C ca. 30 Minuten backen.

ENTE

1 Entenbrust
etwas Salz und Pfeffer

Sehnen entfernen und die Haut der Entenbrust einritzen. Mit Salz und Pfeffer einreiben. Die Entenbrust mit der Hautseite in eine kalte Pfanne legen und erhitzen. Sobald das Fett geschmolzen ist, wird die Entenbrust für 1 Minute auf der anderen Seite gebraten.

Die Entenbrust im Ofen bei 200 °C ca. 5 – 8 Minuten mit der Hautseite nach unten fertig braten.

FORTSETZUNG AUF DER NÄCHSTEN SEITE …

SPECKLED HOUND

NUDELN

125 g Nudeln
200 g Edamamebohnen
3 Frühlingszwiebeln
1 roter Chili
50 g Erdnüsse, gesalzen

Nudeln kochen und mit den Edamamebohnen mischen. Frühlingszwiebeln und Chili klein schneiden und mit den Nudeln vermengen.

DRESSING

100 ml Limettensaft
4 EL Sesamöl
4 EL Honig

Limettensaft, Öl und Honig gut verquirlen und über den Salat geben.

Zum Schluss mit Kürbis, Entenbrust in Scheiben und grob gehackten, gesalzenen Erdnüssen toppen.

KÜRBIS-KARTOFFEL-SALAT

800 g Kürbis, in Würfeln (grauer Typ, z. B. Crown Prince)
800 g Kartoffeln, in Würfeln
Salz und Pfeffer
Öl

DRESSING

1 rote Zwiebel
etwas frischer Rosmarin
300 ml Crème fraîche
2 EL Mayonnaise
2 TL Dijonsenf
Saft von 1 Limette

Kürbis vorbereiten und wie die Kartoffeln in Würfel schneiden. Kürbis- und Kartoffelwürfel zusammen in einer Form mit Salz, Pfeffer und etwas Öl wenden.

Die Würfel bei 200 °C ca. 30 Minuten backen und komplett abkühlen lassen, gern über Nacht.

DRESSING

Zwiebel und Rosmarin fein schneiden und zusammen mit den übrigen Zutaten zu einem Dressing mischen.

Kürbis und Kartoffeln im Dressing wenden. Wie üblichen Kartoffelsalat kalt servieren.

GEFÜLLTER BABYKÜRBIS MIT HÜHNCHEN

5–6 Tindakürbisse (Baby-Kürbis)
1 große Zwiebel
½ Kopf Spitzkohl
400 g Hühnchen, gehackt
300 g Frischkäse Pikant
Olivenöl
Salz

DRESSING

100 ml Crème fraîche
2 EL Chili-Mayo
etwas Salz und Pfeffer

Kürbisse gründlich waschen, dann den Deckel abschneiden und die Früchte aushöhlen.

Zwiebel und Spitzkohl fein hacken, mit dem Hähnchenfleisch und dem Frischkäse vermischen.

Die Farce in die Kürbisse füllen, diese mit Olivenöl einpinseln, mit Salz bestreuen und mit Deckel im Ofen bei 200 °C ca. 40–50 Minuten backen.

DRESSING

Crème fraîche und Chili-Mayo mischen, mit Salz und Pfeffer abschmecken. Das Dressing zu den fertigen, gefüllten Kürbissen servieren.

HASSELBACK BUTTERNUT

2 Butternut-Kürbisse
1 EL Paprikapulver, geräuchert
1 TL Cayennepfeffer
2 TL Salz
2 TL Pfeffer
Öl

DRESSING

5 EL Crème fraîche
3 EL Frischkäse
Saft von ½ Limette
1 EL Apfelcidre-Essig
2 TL Dijonsenf
1 TL Chilisauce
etwas Salz und Pfeffer

TOPPING

150 g Walnüsse
etwas frischer Schnittlauch

Gewürze zu einem „Rub“ vermengen.

Kürbis vorbereiten und Fruchtfleisch mit vielen tiefen Schnitten einschneiden. Mit Öl einfetten und mit Rub einreiben. Bei 200 °C ca. 1 Stunde backen, bis er golden und gar ist.

Alle Zutaten für das Dressing mischen, mit Salz und Pfeffer abschmecken.
Kürbis aus dem Ofen nehmen und etwas abkühlen lassen, bevor er mit Dressing, grob gehackten Walnüssen und klein geschnittenem Schnittlauch serviert wird.

VEGGIE-BURGER

6 STÜCK

BRÖTCHEN

200 ml Vollmilch
25 g Hefe
50 g Zucker
500 g Mehl
3 Eier
125 g weiche Butter
2 TL Salz
Ei oder Milch zum Bepinseln

Milch auf 35 °C erwärmen. Darin Hefe und Zucker auflösen. Mehl in zwei Schritten einsieben.

Eier einzeln hinzugeben. Butter und Salz hinzufügen. Evtl. mehr Mehl dazugeben, bis sich der Teig von der Schüssel abhebt.

10 Minuten kneten und den Teig dann ca. 1 Stunde lang in einer abgedeckten Schüssel auf doppelte Größe aufgehen lassen.

8 Brötchen formen, auf ein Backblech legen und 40 Minuten gehen lassen.

Mit geschlagenem Ei oder Milch bepinseln und bei 180 °C ca. 15 Minuten backen.

FORTSETZUNG AUF DER NÄCHSTEN SEITE ...

PATTYS

300 g Kürbis, gerieben (grauer Typ,
z. B. Crown Prince)
100 g Walnüsse
50 g Haferflocken
1 große, rote Zwiebel
140 g Kichererbsenmehl (oder Weizenmehl)
70 g Sesamsamen
3 Eier
100 ml Öl
1 Handvoll frischer Thymian
1 TL Kreuzkümmel
Salz und Pfeffer
Öl zum Braten

FÜLLUNG

5–6 große Zwiebeln
2–3 Rote Bete
5–6 Möhren
1 Handvoll Rosmarin
und Basilikum
200 ml Mayonnaise
frischer Spinat
Hot Sauce

FÜLLUNG

Zwiebeln in Scheiben schneiden. In einer Pfanne mit reichlich Butter bei mittlerer Hitze anschwitzen, bis sie golden, weich und karamellisiert sind.

Rote Beete und Möhren schälen, dann reiben. Basilikum und Rosmarin hacken und mit der Mayonnaise mischen.

PATTYS

Kürbis vorbereiten, grob reiben und 300 g abwiegen. Walnüsse und Haferflocken mit einem Minihacker oder im Mixer zu Mehl verarbeiten. Zwiebel schälen und im Mini-Hacker ganz glatt hacken. Alle Zutaten zu einer festen Masse vermischen. 30 Minuten in den Kühlschrank stellen.

Pattys formen und bei mittlerer Hitze mit etwas Öl in einer Pfanne braten, bis sie golden sind.

Beide Brötchenhälften mit Mayonnaise bestreichen. Zuerst die Möhren, dann das Patty und die weiche Zwiebel auf den Boden geben. Mit etwas Hot Sauce beträufeln. Zuletzt Spinat und Rote Bete hinzufügen.

KÜRBISRÖSTI

12 STÜCK

275 g Kürbis, gerieben (grauer Typ, z. B. Crown Prince)
100 g Bacon
1 Zwiebel
1 Knoblauchzehe
50 g Cheddar, gerieben
1 Ei
3 EL Mehl
2 EL Kartoffelmehl
1 TL Backpulver
1 TL getrockneter Thymian
Salz und Pfeffer
Öl zum Braten

Kürbis vorbereiten, grob reiben und 275 g abwiegen. Bacon, Zwiebel und Knoblauch fein schneiden. Kürbis, Bacon, Zwiebel, Knoblauch, Käse und Ei gut vermengen.

Die restlichen Zutaten hinzufügen und gut vermischen.

Öl in eine Pfanne geben, sodass der Boden komplett bedeckt ist. Die Rösti bei mittlerer Hitze in der Pfanne braten, bis sie knusprig und golden sind.

Diese Rösti sind perfekt als Alternative zu den üblichen Kartoffeln zu Mittag. Sie können als leckere Beilage zu einem guten Stück Fleisch oder einfach so wie sie sind als Snack/Vorspeise verzehrt werden.

KÜRBISLASAGNE

1 Hokkaido (ca. 900 g)
500 g Rinderhackfleisch
2 rote Zwiebeln
etwas Butter und Öl zum Braten
200 ml Gemüsebrühe
2 Dosen geschälte Tomaten
140 g Tomatenpüree
1 EL Paprikapulver, geräuchert
2 Knoblauchzehen
etwas frisches Basilikum
Salz und Pfeffer
2 Kugeln frischer Mozzarella

Zwiebeln klein schneiden und in einem großen Topf mit etwas Butter und Öl glasig dünsten. Fleisch hinzufügen und anbraten, bis es Farbe angenommen hat.

Brühe, geschälte Tomaten, Tomatenpüree und geräuchertes Paprikapulver dazugeben und 30–45 Minuten simmern lassen.

Knoblauchzehen hineinpressen und alles weitere 5 Minuten simmern lassen. Frisches Basilikum hinzugeben, mit Salz und Pfeffer abschmecken.

Kürbis vorbereiten und in ca. ½ cm dicke Scheiben schneiden.

Fleisch, Kürbis und Mozzarella schichtweise in eine ofenfeste Form geben – mit Fleisch beginnen und mit Mozzarella abschließen.

Die Lasagne im vorgeheizten Ofen bei 180 °C ca. 40 Minuten backen.

GEBACKENER SPAGHETTIKÜRBIS

1 Spaghettikürbis
Olivenöl
ca. 20 g Parmesan, gerieben
Salz und Pfeffer
etwas frisches Basilikum

Kürbis der Länge nach halbieren und Inneres entfernen.

Die offenen Seiten mit Olivenöl bestreichen. Den Kürbis bei 200 °C ca. 40 Minuten backen. Etwas abkühlen lassen.

Das Fleisch mit 2 Gabeln auseinanderziehen, mit Parmesan, Olivenöl, Salz und Pfeffer abschmecken. Mit frischem Basilikum garnieren.

Dieser Kürbis ist eine tolle, gesunde Alternative zu normalen Spaghetti. Er kann für Bolognese oder Eintöpfe verwendet werden, schmeckt aber auch kalt großartig im Salat.

KÜRBISPIZZA MIT ÄPFELN, BACON UND SCHMORZWIEBELN

3 STÜCK

400 g geriebener Kürbis
(grauer Typ, z. B. Crown Prince)
150 g Haferflocken
150 g Walnüsse
4 Eier
4 EL Olivenöl
60 g Cheddar, gerieben
frischer Rosmarin
Salz und Pfeffer

FÜLLUNG

8 mittelgroße Zwiebeln
2 EL Butter
300 g Bacon
3 Äpfel
375 g Mascarpone
2 TL Paprikapulver, geräuchert
evtl. einige Walnüsse und Sauerampfer als Garnierung

Ofen mit eingeschobenem Backblech auf 200 °C vorheizen. Kürbis putzen, grob reiben und 400 g abwiegen. Haferflocken und Walnüsse zu Mehl mixen. Kürbis und Haferflockenmehl mit dem Rest der Zutaten in der Küchenmaschine zu einer glatten Masse mixen. Den Boden zwischen 2 Bögen Backpapier ausrollen und 15 Minuten bei 200 °C vorbacken – abkühlen lassen.

FÜLLUNG

Zwiebeln in Ringe schneiden. In einer Pfanne langsam in Butter bei mittlerer Hitze anschwitzen, damit sie karamellisieren. Sie sollten schön golden aussehen. Rechnen Sie mit ca. 25–30 Minuten. Bacon knusprig braten und die Äpfel in Scheiben schneiden. Mascarpone mit dem geräucherten Paprikapulver verrühren. Die Mischung auf dem Pizzaboden verstreichen.

Mit Äpfeln, Zwiebel und Bacon belegen und die Pizza ca. 7 Minuten bei 200 °C backen. Nach Geschmack garnieren.

DAL MIT HOKKAIDO

600 g Hokkaido, in Würfeln
3 Stangen Porree
2 TL Koriander, zerstoßen
1 TL Kurkuma
2 TL Paprikapulver, geräuchert
1 TL Ingwer, zerstoßen
1 TL Nelken, zerstoßen
1 TL Kardamom
Öl
300 g rote Linsen
1½ l Gemüsebrühe
2 Knoblauchzehen
frischer Koriander
4 EL Crème fraîche oder griechischer Joghurt

Kürbis vorbereiten, in Würfel schneiden und 600 g abwiegen. Porree in Streifen schneiden.

Die Gewürze in einer großen Pfanne mit etwas Öl anrösten. Danach Kürbis, Porree und Linsen hinzufügen und leicht anbraten.

Gemüsebrühe angießen und langsam bei mittlerer Hitze ca. 1 Stunde simmern lassen. Knoblauch pressen und in den letzten 10 Minuten mitkochen.

Mit frischem Koriander und Crème fraîche garnieren.

LAUWARMER GRÜNKOHLSALAT

400 g Kürbis in Würfeln (grauer Typ, z. B. Butternutkürbis)
150 g Grünkohl
80 g Pinienkerne

DRESSING

1 Teil Weißweinessig
1 Teil Honig
2 Teile Olivenöl

Kürbis vorbereiten und mit Schale in Würfel schneiden. Kürbiswürfel bei 200 °C ca. 35 Minuten backen.

Grünkohl entstielen, in kleinere Stücke schneiden und in einem Sieb abspülen.

Wenn der Kürbis aus dem Ofen genommen wurde, kochendes Wasser über den Grünkohl geben, danach sofort mit kaltem Wasser abspülen.

Die Pinienkerne in einer trockenen Pfanne rösten.

Kürbis und Grünkohl in eine Schüssel oder auf einen Teller geben, mit den Pinienkernen garnieren.

DRESSING

Die drei Zutaten für das Dressing gut vermischen und nach Geschmack über den Salat geben.

Der Grünkohlsalat ist perfekt für den Grillabend, als Beilage zum Buffet oder kalt zu Mittag.

KROKETTEN MIT CHEDDAR UND PANCETTA

12 STÜCK

450 g Kürbismus (grauer Typ, z. B. Crown Prince)
80 g Pancetta (italienischer Bacon)
120 g Haferflocken
frischer Rosmarin
6–8 EL Mehl
Salz und Pfeffer
¼ rote Zwiebel
50 g Cheddar
Mehl, Eier und Paniermehl für die Panade
Öl zum Frittieren

Kürbis vorbereiten, in Würfel schneiden und weich kochen. Abkühlen lassen. Pancetta knusprig braten und zur Seite stellen.

Kürbis in der Küchenmaschine zu Mus verarbeiten. Haferflocken, Rosmarin und die Hälfte des Mehls hinzufügen. Zu einer festen Masse mixen. Das Mus sollte eine feste Konsistenz haben. Das restliche Mehl schrittweise hinzufügen, bis die richtige Konsistenz erreicht ist – sie sollte fest sein, damit man kleine Kugeln daraus formen kann. Mus mit Salz und Pfeffer abschmecken.

Zwiebel, Pancetta und Cheddar grob hacken.

Aus dem Mus eine Kugel formen und mit den Händen flach drücken. Mit Zwiebel, Pancetta und Cheddar füllen und wieder zur Kugel formen. Die Kugeln in Mehl, Ei und Paniermehl wenden, bevor sie in einem großen Topf frittiert werden. Auf Küchenpapier abtropfen lassen.

KÜRBISGRATIN

650 g Kürbis mit Schale (grauer Typ, z. B. Butternut)
4 Frühlingszwiebeln
50 g Parmesan
1 TL Muskatnuss, frisch gerieben
500 ml Sahne
etwas frischer Rosmarin
Salz und Pfeffer

Kürbis gründlich waschen und vorbereiten. In Scheiben schneiden.
Die Frühlingszwiebeln in Ringe schneiden.

Parmesan und Muskatnuss fein reiben und mit der Sahne, feingehacktem Rosmarin, Salz sowie Pfeffer vermengen.

Kürbis und Frühlingszwiebeln in eine Schüssel geben, mit Sahne übergießen.
Im Ofen bei 200 °C ca. 45 Minuten backen.

Als Beilage zum Mittagessen servieren.

KÜRBIS-KARTOFFEL-MUS

550 g Kürbis, in Würfeln (grauer Typ,
z. B. Crown Prince)
1 kg Backkartoffeln
2 EL Weißweinessig
20 g Butter
etwas frischer Thymian
Salz

Kürbis vorbereiten und in Würfel schneiden. Auch die Kartoffeln würfeln. Beides in einem großen Topf in leicht gesalzenem Wasser weich kochen.

Kürbis und Kartoffeln mit Weißweinessig, Butter und fein gehacktem Thymian zermusen.

Als Beilage zum Mittagessen servieren.

KÜRBIS-CHIPS

1 Kürbis (grauer Typ, z. B. Crown Prince)
Gewürze

Kürbis halbieren und Inneres entfernen. Dann in Spalten schneiden. Die Spalten mit einem Sparschäler oder einer Reibe sehr dünn schälen.

Die Spalten auf einem Backblech ausbreiten und bei 100 °C ca. 50–60 Minuten backen oder bis sie knusprig sind.

Chips herausnehmen, abkühlen lassen und nach Geschmack in Gewürzen wenden. Ich kann die Versionen mit geräucherter Paprika oder mit Salz und Pfeffer empfehlen.

DUMPLINGS

350 g Kürbismus (grauer Typ, z. B. Crown Prince)
140 g Bacon
3 Frühlingszwiebeln
2 EL Weißweinessig
10 g frischer Ingwer
Salz und Pfeffer
1 Pk Wonton-Teig

DIP

2 EL Sojasauce
1 EL Chilisauce
1 TL Fischsauce
1 EL Austernsauce
3 EL Sesamöl
1 EL Honig
1 EL Weißweinessig

Kürbis vorbereiten, backen, zu Mus mixen und 350 g abwiegen.

Bacon würfeln, knusprig braten und abkühlen lassen.

Frühlingszwiebeln schneiden und mit dem Bacon, Mus und Weißweinessig vermengen. Den Ingwer durch die Knoblauchpresse pressen und untermischen. Mit Salz und Pfeffer abschmecken.

Ca. 1 TL Füllung in die Mitte jedes Stückes Wonton-Teig geben. Die Ränder der viereckigen Teigstücke mit etwas Wasser rundum bepinseln. In der Mitte falten, sodass ein Dreieck entsteht, das mit der langen Seite zu Ihnen zeigt. Die beiden äußeren Spitzen werden jetzt zu einer Spitze unter dem Dreieck gefaltet, eine über der anderen, und mit etwas Wasser verschlossen.

Die gefüllten Dumplings werden jetzt 15 Minuten gedämpft.

DIP

Alle Zutaten für die Sauce zu einem glatten Dip schlagen, der zu den fertiggedämpften Dumplings serviert wird.

REPORTAGE VOM THORSBJERG-HOF

KÜRBIS NIMMT DIE LETZTE HERBST-SONNE IN SICH AUF

Text: Sandra Holmgaard

Der graubraune Herbstacker hat Kleckse in leuchtender Farbe bekommen. Kürbisse! Nicht hunderte, nicht tausende, sondern eher viele hunderttausend orange, gelbe und silbergraue Kugeln, die wie Konfetti über die Landschaft gestreut sind.

Ein ganz besonderer Anblick. Man versteht gut, dass Autos anhalten und die Menschen aussteigen, um zu fotografieren. Der Sommer ist vorbei und das Jahr neigt sich gen Winter. Aber jetzt ist erst mal Herbst! Landwirt Peter Brødsgaard vom Thorsbjerg-Hof im dänischen Skælskør hat auf einen Spaziergang übers Land eingeladen. Es ist ein gutes Herbstjahr, weil der Sommer mild und regnerisch war.

Während wir laufen, verfärbt sich der Himmel von Blau zu Orange-Pink, um schließlich eine auberginefarbene Nuance anzunehmen. Die Sonne geht langsam unter. Regelmäßig bückt sich Peter, grätscht über die großen Kürbisse und kratzt leicht an ihrer Oberfläche. Ich frage ihn, warum. „So kann ich erkennen, ob er reif ist", antwortet er. Wenn der Fingernagel keine Spuren hinterlässt, ist die Schale gehärtet und der Kürbis reif.

Kürbisse reifen, wenn das Laub fällt. Die ersten Anzeichen des Herbstes treffen jedoch schon einige Wochen früher ein.

Peter Brødsgaard übernahm den schmucken weißen Hof in Skælskør von seinem Vater, Poul Brødsgaard, der Schweine hielt. Aber das war nichts für Peter. Ihn begeistern Natur, frische Luft und er schaut gern zu, wie die Pflanzen wachsen. Das Kürbisabenteuer begann vor 12 Jahren mit ein paar Sorten – heute erntet er etwa 20 verschiedene. „Es war interessant, jedes Jahr neue auszuprobieren", erklärt er. „Es gibt viel mehr, als man glaubt. Manche sind essbar und andere schön als Dekoration."

Wir gehen am bekannten Hokkaido vorbei, am hellen Butternut-Kürbis, dem besonderen, silbergrauen Crown Prince und ein paar kleinen, flachen Kürbissen, die Turbankürbisse heißen. Und dann gibt es die runden Halloween-Kürbisse oder die stolzen Riesenkürbisse, die 80 Kilo wiegen. Außerdem die unbekannteren grün-weiß-gefleckten Spaghettikürbisse. Der Boden knirscht. Es sind Laub und Blätter, die diese Geräusche verursachen, die sich nach Herbst anfühlen und die wir alle von einem Herbstausflug in den Wald kennen.

Hält man inne und schaut über das Land, ist es, als nähme es kein Ende. Reihe an Reihe, soweit das Auge blickt. Ein kleiner roter Traktor fährt vorbei. Er ist so langsam, dass man sich in der Zeit zurückversetzt fühlt. Er klingt ein bisschen wie ein Fischkutter, aber nicht so tief. Hier draußen auf den Feldern ist nichts modern. Es gibt keine großen Maschinen zur Erleichterung der Ernte. Alles geht mit Muskelkraft. Es ist eine schwere, schmutzige Arbeit. Die Kürbisse kommen in Kisten, die auf dem Traktor gestapelt werden. Ist der Anhänger voll, rumpelt der Traktor Richtung Hof, wo die Kürbisse gewaschen und von Erde abgebürstet werden.

Ein längs aufgeschnittener Kürbis enthüllt leuchtend oranges Fruchtfleisch, das süß, würzig und fast buttrig schmeckt. Es ist schwer zu erklären. Man muss ihn einfach selbst probieren. In Dänemark verspeist man die süße Beere seit dem Mittelalter. Aber später geriet er in Vergessenheit. Erst in den 1980er-Jahren konnte man die ersten Kürbisköpfe vor dänischen Türen leuchten sehen. Wir importierten das amerikanische Halloween. Aber mit der neuen Tradition folgten auch der Duft goldener Kürbissuppen, Kuchen und Gebäck, gefüllt mit Kürbisfleisch.

Peter Brødsgaard zögert, wenn man ihn fragt, welche Sorte er am liebsten mag. Aber es ist entweder Hokkaido oder Spaghettikürbis. Denn aus ihnen kann man interessante Gerichte zubereiten. „Nur die eigene Fantasie setzt die Grenzen", so Peter.

Der Herbst ist die arbeitsreichste Zeit des Jahres. Und das, obwohl auch das restliche Jahr voller Arbeit steckt. Zurück auf dem Hof eilt Peter Brødsgaard weiter. Auch wenn es Abend und bald dunkel ist, hat der Tag für den Landwirt noch kein Ende. Es gibt Äcker, nach denen noch geschaut werden muss, Kunden, die kontaktiert werden möchten und Angestellte, um die er sich kümmern muss.

Wenn man auf dem Hofplatz steht, kann man sich kaum vorstellen, wie viele Kürbisse vom Acker geholt und zum Kunden gebracht werden müssen. Das geht in die Hunderttausende. Und obwohl es jetzt mitten in der Saison ist, herrscht Ruhe. Das Einzige, was man hören kann, ist der Traktor, der auf die Äcker tuckert, um noch eine Ladung zu holen. Und die Vögel mit ihrem Abendlied, bevor der Hof zur Ruhe geht. Denn morgen ist wieder ein neuer Tag.

SUPPEN UND BROT

KLASSISCHE KÜRBISSUPPE MIT GRÜNKOHLCHIPS

600 g Kürbis in Würfeln
(oranger Typ, z. B. Speckled Hound)
300 g Kartoffeln
2 Stangen Porree
etwas Butter zum Braten
1½ l Gemüsebrühe
1 EL Paprikapulver, geräuchert
Salz und Pfeffer

CHIPS

ganze Grünkohlblätter
etwas Öl
Salz

CRÈME FRAÎCHE

5 EL Crème fraîche
etwas Muskatnuss, gerieben
Salz und Pfeffer
evtl. etwas Trüffelöl

Kürbis vorbereiten und zusammen mit den Kartoffeln in Würfel schneiden. Porree waschen und in Scheiben schneiden. Die Gemüse mit etwas Butter in einem Topf andünsten. Mit der Gemüsebrühe ablöschen und ca. 50 Minuten einkochen lassen.

Die Masse mit dem Stabmixer mixen und das geräucherte Paprikapulver hinzufügen. Mit Salz und Pfeffer abschmecken.

GRÜNKOHLCHIPS

Ganze Grünkohlblätter mit Öl einpinseln, mit Salz bestreuen und bei 200 °C ca. 10 Minuten im Ofen backen.

CRÈME FRAÎCHE

Alle Zutaten vermengen.
Die Suppe mit Crème fraîche und knusprigem Grünkohl sowie nach Geschmack mit ein paar grob gehackten Walnüssen toppen.

TOPINAMBURSUPPE MIT KÜRBIS

300 g Kürbis (oranger Typ, z. B. Hokkaido)
300 g Topinambur
1 große Zwiebel
1 Knoblauchzehe
Öl
1,2 l Gemüsebrühe
1 kleine Handvoll frischer Thymian
½ l Kochsahne
Saft von 1 – 2 Zitronen
Salz und Pfeffer

TOPPING

200 g Bacon
75 g Sonnenblumenkerne
frischer Thymian

Kürbis vorbereiten und zusammen mit den Topinamburen, Zwiebel und Knoblauch in Würfel schneiden. Die Gemüse in einem großen Topf mit etwas Öl ca. 2 Minuten andünsten. Brühe und Thymian hinzugeben und köcheln lassen, bis alles weich ist – ca. 20 Minuten.

Jetzt die Sahne angießen und 1 – 2 Minuten weiter kochen lassen. Den Topf von der Platte nehmen und die Suppe mit dem Stabmixer glatt mixen. Mit Zitronensaft, Salz und Pfeffer abschmecken.

TOPPING

Bacon in einer Pfanne braten. Wenn er halb gar ist, Sonnenblumenkerne hinzufügen und alles zusammen fertig rösten.

Mit Bacon und Sonnenblumenkernen als Garnierung servieren, etwas frischen Thymian obenauf geben.

ROTE-BETE-KÜRBISSUPPE

700 g Butternutkürbis
250 g Rote Bete
1 große Zwiebel
Öl
1½ l Gemüsebrühe
Salz und Pfeffer
Saft von 2 Limetten

TOPPING

1 Dose Kichererbsen
1 EL Öl
1 EL Paprikapulver
Salz und Pfeffer

Mit den Kichererbsen beginnen. Abgießen, dann in Öl und Gewürzen wenden. Auf einem Backblech auslegen und im Ofen bei 200 °C ca. 45 Minuten backen.

Kürbis vorbereiten und zusammen mit der Roten Bete und Zwiebel in grobe Würfel schneiden. Die Gemüse in einem großen Topf mit etwas Öl andünsten. Brühe hinzugeben und köcheln lassen, bis alles weich ist – ca. 25 Minuten.

Den Topf vom Herd nehmen und die Suppe mit dem Stabmixer glatt mixen. Mit Salz, Pfeffer und Limettensaft abschmecken.

Die Suppe mit Kichererbsen als Garnierung und einem schönen Stück Brot servieren.

SUPPE MIT ASIA-KICK

4 Hähnchenbrüste
650 g Butternutkürbis
1 Zwiebel
3 Knoblauchzehen
1 roter Chili
60 g frischer Ingwer
4 Stängel Zitronengras
1 l Gemüsebrühe
2 EL Sojasoße
1 TL Fischsauce
1 EL Austernsauce
500 ml Kokosmilch

TOPPING

frischer Koriander
frischer Chili
Erdnüsse

Die Hähnchenbrüste in einem großen Topf mit Wasser kochen, bis sie gar sind – ca. 20 Minuten.

Kürbis vorbereiten und zusammen mit der Zwiebel, Knoblauch, Chili und Ingwer in grobe Würfel schneiden. Die äußeren Blätter vom Zitronengras entfernen und den unteren, weißen Teil mit der Rückseite eines Messers klopfen. Stängel abschneiden und aufbewahren. Den unteren, weißen Teil fein hacken und in einem großen Topf zusammen mit dem Kürbis, Porree, Knoblauch, Ingwer und Chili anschwitzen.

Mit Brühe, Sojasauce, Fischsauce und Austernsauce ablöschen, die Zitronengrasstängel hinzufügen. Ca. 20 Minuten kochen lassen, bis der Kürbis weich ist. Kokosmilch dazugeben und weitere 5 Minuten kochen lassen. Den Topf von der Platte nehmen und die Stängel herausfischen, bevor die Suppe mit dem Stabmixer glatt gemixt wird.

Die fertig gekochten Hähnchenbrüste mit 2 Gabeln grob zerpflücken und in die Suppe geben. Mit Koriander, frischer Chili und Erdnüssen garnieren.

ERBSENSUPPE MIT KÜRBIS

350 g Hokkaido
1 große, rote Zwiebel
1 Knoblauchzehe
Öl
1 l Gemüsebrühe
500 g Erbsen
15 g frischer Ingwer
½ l Kochsahne
1 kleine Handvoll frische Minze
ca. 2 EL Apfelcidre-Essig
Salz und Pfeffer

Kürbis vorbereiten und zusammen mit Zwiebel und Knoblauch in grobe Würfel schneiden. Kürbis, Zwiebel und Knoblauch in einem Topf mit etwas Öl ca. 2 Minuten anschwitzen.

Brühe hinzugeben und ohne Deckel 5 Minuten kochen lassen.

Erbsen und Ingwer hinzugeben und 5 – 10 Minuten weiter kochen, bis der Kürbis weich ist.

Sahne und Minze hinzugeben und ca. 2 Minuten weiter köcheln, bevor der Topf vom Herd genommen und die Suppe mit dem Stabmixer glatt gemixt wird.

Mit Apfelcidre-Essig, Salz und Pfeffer abschmecken.

SUPPENBRÖTCHEN

6 – 8 STÜCK

160 g Kürbispüree (orange Sorte,
z. B. Hokkaido)
30 g Hefe
300 ml Wasser
1 Ei
350 g Weizenmehl
100 g Dinkelmehl
1 TL Salz

Kürbis vorbereiten, kochen und zu Püree verarbeiten. 160 g abmessen und abkühlen lassen. Hefe in Wasser auflösen, Kürbis in Ei damit vermengen.

Mehl und Salz mischen und schrittweise unter den Teig kneten. Teig 10 Minuten lang gut durchkneten.

Abgedeckt 1 Stunde auf die doppelte Größe aufgehen lassen.

Zu kleinen Brötchen formen und weitere 30 Minuten gehen lassen. Bei 200 °C ca. 15 Minuten backen.

FOCACCIA MIT KÜRBISWÜRFELN

1 BROT

20 g Hefe
350 ml lauwarmes Wasser
50 ml Apfelcidre-Essig
4 EL Öl
1 TL Salz
100 g Vollkornmehl
400 g Weizenmehl

FÜLLUNG

150 g Kürbis in Würfeln
(grauer Typ, z. B. Butternut)
4 Knoblauchzehen
frischer Thymian
etwas Olivenöl

Kürbis vorbereiten und in kleine Würfel schneiden. Auch den Knoblauch in kleine Stücke schneiden.

Hefe in Wasser auflösen, danach Essig und Öl hinzufügen. Salz und beide Mehlsorten mischen und schrittweise der Hefemischung beigeben, bis der Teig geschmeidig ist. Teig 10 Minuten gut durchkneten.

Teig in eine Schüssel geben und abgedeckt auf doppelte Größe aufgehen lassen – ca. 1 Stunde.

Dann den Teig auf eine bemehlte Arbeitsfläche legen und mehrmals falten. Den Teig in eine ofenfeste, geölte Form drücken (ca. 25 x 30 cm) und weitere 30 Minuten gehen lassen.

Tiefe Kuhlen in den Teig drücken, Kürbiswürfel, Knoblauch und frischen Thymian leicht hineindrücken. Zum Schluss mit etwas Olivenöl beträufeln. Das Brot im vorgeheizten Ofen bei 200 °C ca. 20 Minuten backen.

KÜRBISFLECHTSTÜCKE

CA. 10 STÜCK

60 g Butter
20 g Hefe
200 ml fettarme Milch
1 Ei
200 g Weizenmehl
200 g Grahammehl
1 TL Salz

1 Ei zum Bepinseln

FÜLLUNG

200 g Kürbispüree
(orange Sorte, z. B. Hokkaido)
50 g Butter
1 TL Knoblauchpulver
1 TL Chili, zerstoßen
1 EL Sesamöl
Schale von 1 Bio-Zitrone
frischer Thymian
Salz und Pfeffer

Die Butter in einem kleinen Topf anbräunen und in eine saubere Schüssel geben. Abkühlen lassen. Hefe in der Milch auflösen. Butter und Ei hineinmischen. Weizen- und Grahammehl mischen, beim Kneten schrittweise Salz hinzufügen, bis der Teig nicht mehr klebt. Teig 10 Minuten kneten, bis er glatt und geschmeidig ist. Teig abgedeckt auf doppelte Größe gehen lassen – ca. 1 Stunde.

FÜLLUNG

Kürbis vorbereiten, kochen und zu Püree verarbeiten. 200 g abwiegen und abkühlen lassen. Alle Zutaten für die Füllung vermischen, mit Salz und Pfeffer abschmecken. Den Teig auf eine bemehlte Arbeitsfläche legen und viereckig auf ca. 50 x 35 cm ausrollen. Die Füllung dünn darauf verteilen und den Teig in der Mitte falten, sodass die Größe des Vierecks jetzt ca. 50 x 17 cm beträgt. Teig längs in schmale Streifen schneiden, ca. 1,5 cm breit. Jeder Streifen wird zwischen Zeige- und Mittelfinger mit etwas Abstand dazwischen gedreht. Zum Schluss in der Mitte mit dem letzten Teil des Streifens zusammenbinden. Die Flechtstücke mit geschlagenem Ei bepinseln und bei 180 °C ca. 20 Minuten im Ofen backen.

KÜRBISFLADENBROT

4 – 6 STÜCK

200 g Kürbismus (grauer Typ, z. B. Butternutkürbis)
90 g Weizenmehl
50 g Dinkelmehl
2 Eier
70 g Sesamsamen
1 EL Backpulver

Kürbis vorbereiten, kochen und mit einem Kochlöffel grob zermusen. 200 g abwiegen. Alle Zutaten zu einem nassen Teig kneten.

Flache Fladen mit einem Löffel auf ein Backblech geben.

20 Minuten bei 200 °C backen.

HOLM

INTERVIEW MIT KÜCHENCHEF CLAUS HOLM

AUS KÜRBIS KANN MAN ALLES MACHEN – IN ALLEN KÜCHEN

Text: Sandra Holmgaard

Porträt: David Bering/Montgomery

CLAUS HOLM HAT DEN KÜRBIS ENTDECKT, WIEDER VERGESSEN UND NEU ENTDECKT. ER PASST ZUR SAUREN, SÜSSEN UND HERZHAFTEN KÜCHE.

Er steckt voller Süße, hat Charakter und eine schöne Farbe. Ich mag ihn ganz besonders, wenn er ohne Fettzugabe gebraten wird, dann einfach etwas Blauschimmelkäse darüber streuen. Das sollte man machen, wenn der Kürbis noch warm ist. Und es schmeckt einfach fantastisch! Eines meiner anderen Lieblingsgerichte ist ein Püree aus Kürbis mit gebrannter Butter, Haselnüssen und Salbei. Kürbis ist auch eine tolle Beilage zum Gulasch, statt Kartoffeln. Oder in Scheiben mit Parmaschinken oder Bacon umwickelt. Es ist herrlich, ihn zu braten, Honig und Zitrone darüber zu träufeln und zuletzt mit einer Prise Thymian abzurunden.

Kürbis schmeckt einfach verdammt gut. Aber in meiner Kindheit stand nur Blumenkohl auf der Speisekarte. Blumenkohl, Blumenkohl und nochmals Blumenkohl. Erst während meiner Kochlehre in den 1980er-Jahren entdeckte ich den Kürbis. Die einzige Sorte, die wir verwendeten, war der Hokkaido. Und er wurde im Grunde nur zu Suppe verarbeitet. So war das damals. 16 Kochlehrlinge in einer Reihe. Kerne entfernen, schälen und klein schneiden. Damals fand ich, Kürbis ist ein verflixt anstrengendes Gemüse. Er ist ja so hart. Man müsste fast eine Kettensäge zum Zerkleinern einsetzen. Später jedoch entdeckte ich, dass Kürbis viel mehr ist als nur anstrengend. Auf meinen Reisen erfuhr ich, wie Köche in Ägypten und in der Schweiz ihn verwenden – für alles Mögliche! Ich sammelte jede Menge Erfahrung. Und dann vergaß ich den Kürbis wieder für ein oder zwei Jahre. So etwas passiert häufig. Als ich jedoch zu Beginn der 2000-er bei TV2 anfing, schaute er wieder in meiner Küche vorbei.

Man muss sich aus Spaß mit dem Kürbis beschäftigen und kann wunderbar damit spielen. Kürbis findet in allen Küchen Verwendung. Er ist toll für Püree und als Beilage im Ragout. Kürbis kann man trocknen und als Snack naschen. Und eingekocht mit Vanille, Nelken und Sternanis, serviert mit Vanilleeis und Schokolade obenauf, ist er sensationell. Einfach lecker!

Claus Holm ist gelernter Koch und besitzt jahrelange Erfahrung aus Restaurants rund um die Welt. In Dänemark ist er besonders als TV-Koch des Senders TV2 bekannt, der die Kochsendung „HOLM“ ausstrahlt.

SÜSSES

FRÜHSTÜCKSBRÖTCHEN

CA. 8 STÜCK

150 g Kürbis, gerieben (grauer Typ, z. B. Crown Prince)
25 g Hefe
300 ml lauwarmes Wasser
70 g Leinsamen
400 g Weizenmehl
100 g Roggenmehl
1 TL Salz
1 EL Zucker
1 Ei und etwas Milch zum Bepinseln

Kürbis vorbereiten, fein reiben und 150 g abwiegen.

Hefe im Wasser auflösen und Leinsamen hinzugeben. Beide Mehlsorten mit Salz und Zucker gut vermischen. Das Mehl schrittweise in das Wasser sieben, dabei rühren (evtl. mit der Küchenmaschine). Wenn die Hälfte des Mehls im Teig ist, den Kürbis hinzufügen. Das Mehl weiter schrittweise hinzugeben, bis der Teig fester wird und sich vom Rand löst.

Teig 10 Minuten lang gut durchkneten. Schüssel mit einem Tuch abdecken und den Teig 1 Stunde gehen lassen.

Dann den Teig auf einer bemehlte Arbeitsfläche wenden und 8 Kugeln formen. Die Kugeln auf ein Backblech setzen und zugedeckt weitere 30 Minuten gehen lassen.

Mit geschlagenem Ei und Milch bepinseln. Die Brötchen bei 180 °C ca. 15 Minuten backen.

KÜRBISMARMELADE MIT VANILLE

CA. 1 LITER

500 g Kürbis, gerieben (grauer oder grüner Typ, z. B. Crown Prince)
35 g Ingwer
1 große Birne
500 g Einmachzucker
500 ml Wasser
2 TL Zimt
1 TL Kardamom
1 TL Nelken, zerstoßen
2 TL Vanilleextrakt

Kürbis vorbereiten, fein reiben und 500 g abwiegen. Ingwer und Birne ebenfalls reiben.

Alle Zutaten in einen Topf geben und aufkochen, dann 10 Minuten simmern lassen. Zwischendurch abschäumen.

Die Marmelade in saubere, heiß ausgespülte Gläser füllen.

Kühl und dunkel lagern – nach dem Öffnen des Glases im Kühlschrank aufbewahren.

OVERNIGHT-OATS

2 PORTIONEN

80 g Kürbispüree (grüner oder oranger Typ, z. B. Hokkaido)
110 g Haferflocken
35 g Leinsamen
300 ml Mandelmilch
2 EL Honig
1 Msp. Salz
1 TL Zimt
1 TL Ingwer

Kürbis vorbereiten, kochen und zu Püree verarbeiten. 80 g abmessen.

Alle Zutaten gut mischen und über Nacht in den Kühlschrank stellen. Nach Geschmack mit frischen oder getrockneten Früchten, Joghurt oder Mandelmilch garnieren.

PFANNKUCHEN

CA. 8 STÜCK

200 g Kürbismus (grauer Typ, z. B. Crown Prince)
3 Eier
2 EL Honig
2 TL Vanilleextrakt
35 g Haferflocken
50 g Mandelmehl
1 TL Backpulver
1 TL Zimt
1 TL Piment
1 Msp. Salz
Öl oder Butter zum Braten

Kürbis vorbereiten, weich kochen oder backen und zu Mus verarbeiten. 200 g abwiegen und abkühlen lassen.

Eier gut mit dem Kürbismus vermengen. Honig und Vanille hinzufügen. Die restlichen Zutaten dazu geben und gut verrühren.

In einer Pfanne mit etwas Öl oder Butter bei schwacher Hitze kleine Pfannkuchen ausbacken.

Nach Geschmack mit griechischem Joghurt oder Skyr, etwas Honig und frischem Obst garnieren.

ZIMTSCHNECKEN

CA. 12 STÜCK

TEIG

100 g Hokkaido-Püree (oranger oder grüner Typ)
250 ml Milch
50 g Hefe
600 g Weizenmehl
80 g Zucker
1 TL Vanillezucker
1 TL Zimt
1 TL Piment
1 Prise Salz
50 g weiche Butter
2 Eier

Kürbis vorbereiten, kochen oder backen und in der Küchenmaschine zu Püree verarbeiten. 100 g für den Teig abwiegen, 75 g für die Remonce.

Hefe in der lauwarmen Milch auflösen. Weizenmehl, Zucker, Vanille, Zimt, Piment und Salz vermengen.

Die Butter in das Mehl krümeln, dann Kürbis und Ei zusammen mit der Milch hinzufügen.

Alles gut zu einem geschmeidigen Teig verkneten und abgedeckt 30 Minuten gehen lassen.

FORTSETZUNG AUF DER NÄCHSTEN SEITE ...

PINK BANANA

REMONCE

100 g weiche Butter
75 g Kürbispüree
3 EL Zimt
100 g brauner Zucker
100 g Frischkäse

1 Ei und etwas Milch zum Bepinseln

Butter, Kürbis, Zimt und braunen Zucker gut verschlagen. Den Frischkäse vorsichtig unterheben – er darf ruhig klumpig sein.

Den Teig in 3 Teile teilen und jedes Stück zu einem Rechteck mit einer Dicke unter 1 cm ausrollen.

Eine dicke Schicht Remonce auf die Teigstücke streichen und diese zusammenrollen. In dicke Scheiben schneiden, auf ein Backblech legen und abgedeckt ca. 45 Minuten gehen lassen.

Die Schnecken mit geschlagenem Ei und Milch bepinseln und bei 180 °C ca. 15–20 Minuten backen.

Evtl. mit Glasur garnieren. In die Glasur gern ein bisschen Kurkuma geben, dann bekommt sie eine tolle orange Farbe.

HAFERFLOCKEN-COOKIES MIT ROSINEN

CA. 15 STÜCK

180 g Hokkaido-Püree (oranger oder grüner Typ)
140 g Butter
100 g Zucker
250 g Weizenmehl
125 g feine Haferflocken
1 EL Backpulver
1 TL Vanillepulver
1 TL Salz
1 TL Zimt
1 TL Muskatnuss, gerieben
1 TL Ingwer, zerstoßen
1 TL Kardamom
1 TL Nelken, zerstoßen
100 g Rosinen

Hokkaido vorbereiten, kochen und zu Püree verarbeiten. 180 g abwiegen und abkühlen lassen.

Butter und Zucker zu einer glatten Masse schlagen, dann den Kürbis mit hineinschlagen.

Die restlichen Zutaten mischen und unter die Kürbismasse heben.

Kleine Kugeln formen und auf einem Backblech flach drücken. Bei 180 °C ca. 20 Minuten backen.

VANILLEKUCHEN MIT KÜRBIS-FROSTING

CA. 8 STÜCKE

250 g Butter
250 g Zucker
5 kleine Eier
250 g Weizenmehl
4 TL Backpulver
1 Msp. Salz
3 EL fettarme Milch
4 TL Vanilleextrakt
Schale von 1 Bio-Orange

FROSTING

400 g Kürbismus (grauer Typ, z. B. Crown Prince)
400 g Frischkäse
Saft von 1 Orange
100 Puderzucker
1 TL Nelken, zerstoßen

Butter und Zucker gut verschlagen. Die Eier in einer separaten Schüssel schlagen und schrittweise zur Buttermischung geben. Mehl, Backpulver und Salz gemeinsam sieben und unter den Teig heben. Schrittweise etwas Milch hinzufügen, bis der Teig gut zusammenhält. Zum Schluss Vanille und Orangenschale dazu geben.

Den Teig in eine Springform mit ca. 25 cm Durchmesser geben. Bei 170 °C ca. 45 Minuten backen. Kuchen ganz abkühlen lassen.

FROSTING

Kürbis vorbereiten, weich kochen und zu Mus verarbeiten. 400 g abwiegen und abkühlen lassen. Die Zutaten zu einer glatten Masse verarbeiten. Den Kuchen in zwei Schichten schneiden, das Frosting in die Mitte füllen. Mit dem Rest den Kuchen außen bestreichen.

BLONDIE MIT PISTAZIEN

CA. 12 STÜCKE

200 g Kürbismus (grauer oder grüner Typ, z. B. Crown Prince)
300 g weiße Schokolade
100 g Zucker
125 g Mehl
1 TL Vanillezucker
3 Eier
50 g Pistazienkerne, gesalzen
1 TL Meersalz

Kürbis vorbereiten, backen und zu Mus verarbeiten. 200 g abwiegen.

200 g weiße Schokolade schmelzen lassen.

Zucker, Mehl und Vanillezucker in einer Schüssel mischen und die Eier in die Mischung schlagen, sodass sie luftig wird.

Die geschmolzene Schokolade mit dem Kürbismus vermengen und dann unter die Mehlmischung heben.

Die Pistazienkerne und die restlichen 100 g Schokolade grob hacken und ebenfalls unter die Mischung heben. Zum Schluss Meersalz obenauf streuen.

Den Kuchen in einer Form, ca. 25 x 30 Zentimeter, bei 180 °C ungefähr 20 Minuten backen. Beim Anstechen darf gern ein bisschen Teig am Stäbchen haften.

Kuchen vor dem Anschneiden komplett abkühlen lassen.

BROWNIE MIT KÜRBIS-FROSTING

CA. 12 STÜCKE

350 g Kürbismus
(grauer Typ, z. B. Crown Prince)
200 g dunkle Schokolade
150 g Zucker
1 TL Salz
110 g Weizenmehl
3 Eier
2 TL Vanilleextrakt
100 g Mandeln

KÜRBIS-FROSTING

500 g Kürbismus
2 EL Kokosöl
3 EL flüssiger Honig
2 Eigelb
2 TL Kakao
50 g geschmolzene Schokolade

Kürbis vorbereiten, backen und zu Mus verarbeiten. 350 g für den Kuchen und 500 g für das Frosting abwiegen, letzteres zur Seite stellen.

Schokolade schmelzen lassen.

Zucker, Salz und Mehl gut vermengen. Die Eier unterschlagen, bis die Mischung etwas luftig ist. Die geschmolzene Schokolade, Kürbismus und Vanilleextrakt vermischen und vorsichtig unter die Mehlmischung heben. Die Mandeln grob hacken und unterheben.

Den Teig in eine viereckige Form geben, ca. 25 x 30 cm, und den Kuchen im vorgeheizten Ofen bei 200 °C ungefähr 20 Minuten backen. Abkühlen lassen, bevor das Frosting aufgestrichen wird.

KÜRBIS-FROSTING

Alle Zutaten zu einer glatten Masse mischen und vor dem Anschneiden auf dem Kuchen verstreichen.

UPSIDE-DOWN-KÜRBISKUCHEN

CA. 8 STÜCKE

KÜRBIS
450 g Kürbis
(grauer Typ, z. B. Blue Ballet)
75 g Butter
100 g brauner Zucker
Saft von 1 Zitrone

TEIG
200 g Butter
180 g Zucker
3 Eier
200 g Weizenmehl
1 TL Backpulver
1 TL Vanillezucker
1 TL Zimt
1 TL Piment
1 Msp Salz

KÜRBIS
Kürbis vorbereiten, schälen und in dünne Scheiben schneiden.

Eine runde Form (ca. 25 cm Durchmesser, keine Springform) einfetten und mit etwas Zucker bestreuen. Die Kürbisscheiben am Boden auslegen.

Die Butter zusammen mit dem braunen Zucker und Zitronensaft in einem Topf schmelzen lassen und über die Kürbisscheiben gießen.

TEIG
Butter und Zucker gut verschlagen. Dabei schrittweise je ein Ei hinzufügen. Mehl, Backpulver, Gewürze und Salz vermischen und in die Mischung sieben, dann vorsichtig unterheben. Den Teig über die Kürbisscheiben verteilen.

Bei 180 °C im vorgeheizten Ofen ca. 40 – 50 Minuten backen. Nach dem Abkühlen mit einem Teller wenden. Evtl. mit Puderzucker garnieren.

CHEESECAKE

CA. 8 STÜCKE

BODEN

10 Digestive-Biscuits
50 g geschmolzene Butter
2 TL Piment

FÜLLUNG

200 g Kürbismus (grauer Typ, z. B. Crown Prince)
5 Blatt Gelatine
200 g Frischkäse
250 g Crème fraîche
100 g Zucker
1 Vanilleschote
50 ml Wasser

BODEN

Die Biscuits in der Küchenmaschine zu „Sand“ mixen.

Butter und Piment gut mit den Keksen vermischen, in eine Springform drücken (ca. 25 cm Durchmesser) und bei 200 °C ca. 10 Minuten backen. Den Boden ganz abkühlen lassen.

FÜLLUNG

Kürbis vorbereiten, backen und zu Mus verarbeiten. 200 g abwiegen und abkühlen lassen. Gelatine in einer Schüssel mit kaltem Wasser einweichen.

Kürbismus, Frischkäse, Crème fraîche, Zucker und Vanille zu einer glatten Masse ohne Klumpen verarbeiten.

Das Wasser erhitzen (nicht kochen lassen), die Gelatine im Wasser schmelzen lassen. Etwas von der Biscuitmischung als Temperaturausgleich über die Gelatine geben, bevor alles miteinander vermengt wird. Die Mischung über den abgekühlten Boden gießen und den Kuchen über Nacht kalt stellen.

PUMPKIN-MERINGUE-PIE

CA. 8 STÜCKE

TARTETEIG

200 g Mehl
120 g kalte Butter
ca. 3 EL Wasser

Butter mit Mehl vermengen (am besten im Mixer). Wenn die Mischung eine sandartige Konsistenz hat, 1 EL Wasser schrittweise hinzufügen, bis ein Teig geformt ist.

Teig in Folie einschlagen und 30 Minuten in den Kühlschrank legen.

Teig danach ausrollen und in eine Tarteform (ca. 25 cm Durchmesser) legen.

Boden mit einer Gabel einstechen, bevor er für ca. 15 Minuten bei 200 °C blindgebacken wird. Dazu wird z. B. ein Stück Backpapier über den Boden gelegt, auf das Kichererbsen oder andere getrocknete Erbsen geschüttet werden.

Boden nach dem Backen abkühlen lassen.

FORTSETZUNG AUF DER NÄCHSTEN SEITE …

CROWNPRINCE UND
SPECKLED HOUND

FÜLLUNG

300 g Kürbismus (grauer Typ, z. B. Crown Prince)
4 Eigelb
1 Dose Kondensmilch (397 g)
1 EL Maisstärke
2 EL heller Muscovadozucker
1 TL Muskatnuss, gerieben
1 TL Ingwer, zerstoßen
1 TL Zimt
1 TL Piment
½ TL Salz

Kürbis vorbereiten, kochen/backen, abkühlen lassen und zermusen.
300 g abwiegen.

Kürbismus, Eigelbe und Kondensmilch zu einer glatten Masse verrühren. Die trockenen Zutaten gut mischen, bevor sie in die Kürbismasse eingerührt werden. Die Füllung auf den abgekühlten Tortenboden geben und bei 160 °C ca. 45 Minuten im Ofen backen.

BAISERSCHICHT

3 Eiweiß
ca. 170 g Zucker
2 TL Vanillezucker
Saft von ½ Zitrone

Das Eiweiß steif und weiß schlagen. Zucker und Vanillezucker mischen und schrittweise unter das Eiweiß schlagen. Wenn der komplette Zucker untergeschlagen und das Eiweiß steif und klar ist, den Zitronensaft hinzufügen und wieder etwas schlagen.

Das Baiser kommt in kleinen Tupfern oben auf die kalte Torte und wird vorsichtig mit dem Gasbrenner abgeflämmt.

KÜRBIS-CRUMBLE

CA. 8 PORTIONEN

CRUMBLE
160 g Zucker
160 g Mehl
160 g Butter
160 g Haferflocken
1 Eigelb

GARNIERUNG
1 Apfel

FÜLLUNG
500 g Hokkaido, in Würfeln
(grüner oder oranger Typ)
2 EL Mehl
2 EL brauner Zucker
1 TL Zimt
1 TL Vanillezucker
1 Msp. Salz

Alle Crumble-Zutaten gut zu einer sandigen, klumpigen Masse vermischen. Den Hokkaido vorbereiten, in Würfel schneiden und 500 g abwiegen.

Die Würfel in den restlichen Zutaten für die Füllung wenden und in eine eingefettete, ofenfeste Form geben. Mit Crumble toppen und Apfelscheiben garnieren. Bei 180 °C ca. 35 Minuten backen.

Mit Créme fraîche oder Schlagsahne servieren.

DATTELBÄLLCHEN

CA. 16–18 STÜCK

300 g Kürbismus (grauer Typ, z. B. Crown Prince)
600 g Datteln
200 g Feigen
200 g Walnüsse
100 g Pistazienkerne
1 EL Kakao

Kürbis vorbereiten, backen und zu Mus verarbeiten. 300 g abwiegen und abkühlen lassen.

Datteln, Feigen und Mus in der Küchenmaschine zu einer glatten Masse mixen.

Walnüsse und Pistazien fein hacken und mit dem Kakao vermischen. Aus der Dattelmasse kleine Kugeln formen und in der Nussmischung wälzen.

Im Kühlschrank aufbewahren.

EINGELEGTER KÜRBIS MIT INGWER UND CHILI

CA. 1 LITER

500 g Kürbis (grauer Typ, z. B. Crown Prince)
1 roter Chili
30 g Ingwer
500 g Zucker
200 ml Wasser
200 ml Essig

Kürbis vorbereiten und in Scheiben schneiden. Ingwer und Chili in Scheiben schneiden.

Ein großes Einmachglas auskochen und Kürbis, Chili sowie Ingwer hineingeben.

Zucker, Wasser und Essig aufkochen lassen. Wenn der Zucker geschmolzen ist, die Mischung über den Kürbis gießen und das Glas verschließen.

Wenn das Glas leicht abgekühlt ist und angefasst werden kann, in den Kühlschrank stellen.

INTERVIEW MIT KÜCHENCHEFIN THILDE GILLING

KÜRBIS – DAS UNTERSCHÄTZTE GEMÜSE

Text: Sandra Holmgaard

THILDE MÖCHTE SCHNAPS AUS KÜRBIS HERSTELLEN UND IHN MIT DER STÄRKSTEN CHILI DER WELT EINKOCHEN. SIE BACKT, TROCKNET, KOCHT UND BRÄT KÜRBIS. KÜRBIS IST VIELSEITIG UND ANSPRUCHSLOS.

„Ich bin in Buerup aufgewachsen, einem kleinen Dorf in Vestsjælland. Dort gab es keine Supermärkte, nur ein Holzschuhunternehmen. Wir lebten im Grunde als Selbstversorger. Die Gemüse kamen von zwei großen Gemüsegärten und das Fleisch aus dem Fleischerladen meines Vaters. Wir hatten einen Einmachraum, in dem meine Mutter Gemüse für den Winter konservierte. Sie war eine tolle Köchin. Ich erinnere mich, dass sie Kürbis als Tortenfüllung, für Kuchen und Brot verwendete. Aber auch auf der hausgemachten Pizza mit Giersch. Als Dreijährige erlebte ich zum ersten Mal, wie ein Schwein geschlachtet wurde und als ich mit der Schule anfing, war ich in der Küche zu Hause. Ich bin in jeder Hinsicht mit dem „Farm-to-table"-Konzept für Essen und seine Zubereitung aufgewachsen. Es ist ein Privileg, Zugang zu Zutaten in ihrer ursprünglichen Form zu haben.

Ich bin ziemlich verrückt auf Kürbis. Es ist ein vielseitiges, bescheidenes Gemüse. Und er ist missverstanden, weil er diese harte Schale hat. Man denkt, dass Kürbis schwieriger ist, als er ist. Und er wird immer mit Zierkürbissen in Verbindung gebracht. Als etwas, das nicht gegessen werden sollte oder kann. Aber er schmeckt fantastisch, wenn er richtig zubereitet wird.

Die Verarbeitung ist leicht. Es gehört wirklich viel dazu, um einen Kürbis zu ruinieren. Kürbis an sich hat eine gewisse Fülle, aber er eignet sich auch gut, Aromen anderer Zutaten zu übernehmen. Trifft er auf Thymian, Chili, Knoblauch oder säuerliches Apfelmus, entsteht etwas Magisches.

Kürbis und Chili funktionieren besonders gut. Ich habe Kürbis zusammen mit Carolina Reaper, der schärfsten Chili der Welt, eingelegt. Einfach ein traditionelles Rezept verwenden, für das Gemüse aufgekocht und mit warmen Gewürzen eingekocht wird. Koriandersamen, Senfsamen, Chili und andere intensive Gewürze passen perfekt dazu. Einfach lecker!

Aber Kürbis passt auch in süße Speisen. Ich bearbeite ihn gern mit dem Kugelausstecher oder hobele ihn ganz fein, um ihn roh mit Holunderblüten und Zitrone einzulegen. Unwiderstehlich auch im Möhrenkuchen, als Zucchinikuchen mit Kürbis oder Mandelteigkuchen, serviert mit geschlagener Joghurt-Pannacotta. Übrigens: Kürbis passt ausgezeichnet zu Crème fraîche mit einem Fettgehalt von 48 Prozent.

Wenn ich für meine Gäste eine Vorspeise zubereiten sollte, würde ich mit einer cremigen Kürbissuppe mit Knoblauch, Thymian, einem guten Cidre oder Apfelbier und nicht zuletzt Sahne, gern mit der ganz schweren Crème Double mit 50 Prozent, beginnen. Die Suppe wird mit kalt gepresstem Sesamöl, geräucherter Paprika, weißem Pfeffer und Meersalzflocken abgerundet. Zum Servieren roh einlegten Kürbis und eine gebratene Kammmuschel an einer Seite eines tiefen Tellers drapieren. Diese wird bei starker Hitze von einer Seite gebraten und mit Honig, Salz und Pfeffer gewürzt. Zum Schluss würde ich die Kürbissuppe eingießen und alles mit gerösteten Sesamsamen, Crème fraîche und Gewürzkräutern garnieren – Estragon, wilde Brunnenkresse oder Thymian.

Wenn es etwas schneller gehen muss, verwende ich Kürbis gern in braisierten, etwas mächtigeren Fleischgerichten und sogar für Bolognese. Das kann am Vortag vorbereitet werden und kocht sich mehr oder weniger selbst. Allgemein gibt es viele Eintöpfe, zu denen Kürbis gut passt. Das kann zum Beispiel Kürbis-Chili mit Linsen sein, Skyr und Koriander oder ein Labskaus mit Süßkartoffeln.

Thilde Gilling ist Küchenchefin, Biersommelier und gastronomische Entwicklerin. Sie zeichnet unter anderem für die Eröffnungen und gastronomischen Profile der Kopenhagener Restaurants Kompasset und Smor.

HOKKAIDO

GETRÄNKE

von Thilde Gilling

KÜRBISSCHNAPS

CA. 1,5 L

1 Flasche Wodka
1 Flasche Aquavit
1 Hokkaido
6 Bio-Mandarinen
300 g Sanddorn
200 ml Blütenhonig

Kürbis entkernen und in kleinere Stücke schneiden, ruhig etwas grober. Mandarinen aufschneiden, nicht schälen. Das verleiht dem Schnaps sein Zitrusaroma.

Mandarinen, Kürbis und Sanddorn in ein großes Einmachglas geben. Glas vor Gebrauch ausspülen! Aquavit, Wodka und Honig einfüllen und Glas gut schütteln, damit sich der Honig verteilt.

Das Glas jede Woche wenden und den Schnaps nach ca. 3 Wochen abseihen.

TIPP!

Wenn du körperlich fit und zu allem bereit bist, füge ein paar Chilis mit in den Schnaps, gern Habaneros, Ghost oder Carolina Reaper. Sie nehmen den Alkohol extrem gut auf, lecker zu festlichen Gelegenheiten.

TROPIC THUNDER

1 DRINK

2 cl Kürbisschnaps (siehe Seite 154)
2 cl dunkler Rum
6 cl Mandarinensaft
2 cl Limettensaft
2 Passionsfrüchte (Fruchtfleisch und Saft)
1 Eiweiß
100 ml Eiswürfel

Die Hälfte der Eiswürfel in ein Glas geben, um es abzukühlen und für den Cocktail zu temperieren.

Alle Zutaten bis auf die Eiswürfel in einen Shaker geben.

Dieser Cocktail wird nicht gemixt, nur geschüttelt. Das verlangt echten Muskeleinsatz, er sollte kräftig geschüttelt werden. Dieser Schritt wird von Barkeepern auch als „the dry shake“ bezeichnet.

Wenn man spürt, dass sich Druck im Shaker aufbaut, wird er geöffnet und die restlichen Eiswürfel kommen hinzu. Shaker verschließen und nochmals durchschütteln.

Masse abseihen, Eiswürfel zurückhalten und den Drink eingießen.

PUMPKIN COLADA

1 DRINK

2 cl Kürbisschnaps (siehe Seite 154)
2 cl Kahlua
6 cl Kokosmilch
3 cl Ananassaft
3 cl Mandarinensaft
3 cl Sanddornsaft
Schale von ½ unbehandelten Orange
1 Msp. geriebene Muskatnuss
10 ml Eiswürfel

Die Hälfte der Eiswürfel in ein Glas geben, um es abzukühlen und für den Cocktail zu temperieren.

Alle Zutaten und die restlichen Eiswürfel in einen Shaker oder Blender geben. Mixen, bis die Konsistenz glatt und smooth ist.

Die Eiswürfel aus dem Glas entfernen und die Orangenschale einmal über den oberen Rand reiben.

Beim Einschenken in das Glas vor dem Servieren mögliche Reste von Eiswürfeln zurückhalten.

Mit etwas Muskat bestreuen.

KÜRBIS SELBST ANBAUEN

Wenn Sie Lust haben, selbst Kürbis anzubauen, hat Peter Brødsgaard ein paar Tipps:

1. Kürbis sollte an einer geschützten Stelle im Garten angebaut werden. Und er benötigt mehr Platz, als man glaubt. Die Pflanze kann nämlich bis zu zehn Quadratmeter einnehmen.

2. Die Samen sollten in feuchten Boden gesät werden, zwei Zentimeter tief, wenn die Temperatur über 15 °C beträgt. 5–7 Tage später haben Sie eine Kletterpflanze.

3. Es ist wichtig, dass Wildkraut ferngehalten wird. Die Pflanze sollte ganz alleine stehen.

4. Kürbis braucht Wasser und Dünger.

5. Wenn die Pflanze 2–3 Früchte angesetzt hat, sollten die restlichen Früchte entfernt werden, damit der Kürbis seine Energie für die 3 verbliebenen einsetzen kann. So können Sie fast sicher sein, drei gute Kürbisse zu ernten.

6. Kürbis kann nach ca. 120 Tagen geerntet werden.

7. Kürbis ist reif, wenn das Laub welk und die Schale nicht mehr weich ist. Das können Sie einfach mit dem Fingernagel prüfen. Hinterlässt er keine Spur, ist der Kürbis reif.

Im Allgemeinen ist der Anbau problemlos. Ist der Start gelungen, müsste man schon alles falsch machen, um keinen Erfolg zu haben.

ÜBER DEN AUTOR

Søren Staun Petersen kreiert seit 2013 Rezepte unter www.chefsseason.dk und legt dabei den Schwerpunkt auf Obst und Gemüse der Saison. Er entwickelt außerdem Rezepte für Brands und Magazine. Wegen seines Berufs als Werbefotograf besonders für Food-Fotografie beschäftigt er sich seit vielen Jahren mit Ernährung und deren Vermittlung. Søren hegt eine große Leidenschaft für frische dänische Zutaten – eine Leidenschaft, die er mit seinem ersten Kochbuch unterstreicht.

DANKSAGUNG

Zunächst gilt mein Dank dem gesamten Team des Muusmann-Verlages. Danke, weil Sie an das Projekt geglaubt haben – und nicht zuletzt auch an mich. Während der ganzen Zeit waren Sie geduldig und hilfsbereit – das hat mir sehr viel bedeutet.

Dank an Peter Brødsgaard vom Hof Thorbjerggaard, der mich mit endlos vielen Kürbissen gesponsert hat. Und danke für deine freundliche Reaktion, auch wenn ich zu teils unmöglichen Zeiten anrief, um Fachwissen für mich und die Leser meines Buches zu sammeln.

Dank an Sandra Holmgaard und Catherine Ilsøe für ihren Beitrag zum Buch. Eure Texte sind das gewisse Extra, das ich selbst nicht liefern konnte.

Dank an Broste Copenhagen, Trine Rytter Ceramics, KH Wurtz, Pillivuyt und Luigi Bormioli für das Ausleihen des wunderschönen Geschirrs. Und Dank an KitchenAid für die Ausleihe des Food Processors, der meine Arbeit erleichtert hat.

Dank an Juton für das Sponsoring mit den schönsten Lady-Minerals-Farben: Green Leaf, Rustik Terracotta, Soft Skin, Matrix, Form und Byge. Nahezu alle Hintergründe in diesem Buch wurden mit dieser stimmungsvollen Kalkfarbe erzeugt.

Dank an meine ganze große Familie für ihre Hilfe und Unterstützung, ganz gleich, auf welches Projekt ich mich stürze.

Schließlich bedanke ich mich bei meinen Freunden, Kollegen und der Familie für die vielen Probeessen. Insbesondere auch bei meinen Mitbewohnern Andreas und Martin, die während der Entstehung des Buches gezwungen waren, fast täglich Kürbis zu essen. Ihr wart sehr geduldig, auch an Tagen, an denen ich genervt und sauer wegen missglückter Versuche war. Und danke für eure ehrliche Kritik.

REZEPTREGISTER

REZEPTE MIT KLEINEN KÜRBISMENGEN

FLEISCHLOSE/VEGETARISCHE REZEPTE

GRÜNER HOKKAIDO

REZEPTREGISTER – ALPHABETISCH

Herausgegeben von Muusmann Forlag, København
Originaltitel Overrask med graeskar

Gestaltung: Muusmann Forlag
Fotograf: Søren Staun Petersen
Übersetzung: Elke Adams, www.elke-adams.com
Satz: Lena Jörgens, LV MediaPro im Landwirtschaftsverlag GmbH
Druck: Westermann Druck Zwickau GmbH
ISBN: 978-3-7843-5647-1